모두 예쁜데
나만 캥거루

Myself the only Kangaroo
among the Beauty

일러두기

- ◦ 에밀리 디킨슨의 시에는 원래 제목이 없어서 차례에는 시의 첫 행으로 제목을 대신했다.

- ◊ 한 페이지가 넘어가는 긴 시들의 페이지 분량과 위치는 하단 쪽수 위에 표시해두었다.

- * 우리말은 물론 영어의 일상 어법에서도 낯선 대시나 따옴표와 같은 문장 부호들도 가능한 한 모두 살렸다. 원문의 대문자 사용은 번역에 반영하지 않았다.

- ▲ 본문에는 번역과 함께 원문 시를 함께 실었다. 디킨슨의 필사 원고를 텍스트로 번역했기 때문에 20세기에 출간된 디킨슨 전집들에 기반한 다른 번역들과 시의 구성이나 내용이 다를 수 있다. 이 책에 실린 시의 원문 텍스트는 에밀리 디킨슨 아카이브에 올라와 있는 시인의 필사 원고를 읽으며 번역자가 기획하고 선택하여 편집하였다. 가능한 시인의 단어 선택, 시행 구분, 연 구조를 그대로 반영하여 원문 텍스트를 구성하고, 이를 바탕으로 번역했다.

- * 우리말 각주는 번역자의 것이며, 영문 각주는 시인이 필사노트 원고의 해당 시행 옆에 작은 글씨로 적어놓은 구절이다.

온라인 자료
Emily Dickinson Archives (http://www.edickinson.org)
Wikisource (https://en.wikisource.org/wiki/Author:Emily_Dickinson)
Gutenberg Project (https://www.gutenberg.org/files/12242/12242-h/12242-h.htm)

표지 이미지 출처
들토끼들이 작업한 앞표지 이미지는 에밀리 디킨슨이 애머스트 아카데미 재학 중 수집하여 만든 식물표본에 실린 압화를 형압으로 표현했다.
뒤표지 이미지는 이 시집에 실린 "소실 루트"로 시작하는 시의 원문 필사 원고이다.
(출처 https://en.wikipedia.org/wiki/Emily_Dickinson#/media/File:Black-white_photograph_of_Emily_Dickinson2.png)

모두 예쁜데
나만 캥거루

에밀리 디킨슨
박혜란 고르고 옮김

Myself the only Kangaroo
among the Beauty

Emily Dickinson

My Business is Circumference —
An ignorance, not of Customs,
but if caught with the Dawn —
or the Sunset see me —
Myself the only Kangaroo among the Beauty, Sir,
if you please, it afflicts me,
and I thought that instruction would take it away.

Emily Dickinson's Letter to T. A. Higginson

나의 일은 맴돌기랍니다 —
관습을 몰라서가 아니라
동트는 모습에 사로잡혔거나 —
석양이 나를 보고 있으면 그래요 —
모두 예쁜데 나만 캥거루예요, 선생님,
그래서 아주 괴로워요,
가르침을 받으면 그것은 사라지리라 생각했어요.

히긴슨에게 보낸 디킨슨의 편지 중에서

차례

나팔처럼 불어온 한줄기 바람
A Wind like a Bugle

겨울에도 경작하면	13
여름 시계로는	15
나팔처럼 불어온 한줄기 바람	17
근엄한 것이었다고 내가 말했잖아	19
꽃은 만발했으니 곧 달아나겠지	21
장미들은 감히 가려하지 않는 곳인데	23
마음에는 문이 많아	25

마음이 있으면 가끔
Sometimes with the Heart

그는 잠결에 저 졸린 경로를 따라가며	29
마녀의 마법에는 계보가 없다	31
눈 내릴 때 오는 당신은	33
마음이 있으면 가끔	35
하늘 바깥은 더 노란 노랑에서	37
전혀 오지 않았던	39

어떤 이가 준비한 이 대단한 쇼
Some one prepared this mighty show

전진은 인생의 조건	43
편지는 땅의 즐거움	45
신께 우리가 간청하오니	47
어떤 이가 준비한 이 대단한 쇼	49
자연이 할 수 있는 것은 이 정도	51
이 사건이 그 남자 바로 뒤에 있었음에도	53

얼마나 반가운지 말로 표현할 수 있다면
If I could tell how glad I was

얼마나 반가운지 말로 표현할 수 있다면	57
이것으로 낮은 구성되어 있다	59
명성은 변덕스러운 음식	61
소멸의 권리가	63
산들이 자줏빛 고개를 들면	65
간청이 중단되는 시간이 온다	67
오 미래여! 그대는 비밀스런 평화	69
그의 부리는 나사송곳	71

소실消失 루트

A route of evanescence

사방은 온통 은이고	75
나는 그것이 보고 싶다 몇 마일을 휘감고	77
분홍 그리고 작은 것들 때맞춰	79
털북숭이 녀석 발도 없으면서	81
그것은 묵직한 체에 받쳐	85
이 내실 안으로 들어온 뭔가가	87
소실消失 루트	89

예감이란 잔디밭 위 저 긴 그림자

Presentiment is that long Shadow on the Lawn

예감이란 잔디밭 위 저 긴 그림자	93
그녀는 자신의 예쁘장한 언어의 날을 벼렸다	95
이 작은 장미를 아무도 몰라요	97
우리가 헤어졌던 그때 같은 아침들	99
그렇게 데이지 한 송이 사라졌다	101
이 모든 것들이 나의 깃발이길	103
아침이 전보다 순해졌다	107
모모씨에게 드리는	109
케이티가 걸으면	111
맹세합니다	113

나의 화산 위로 풀들이 자라니
On my volcano grows the Grass

그런 밤에, 그런 밤에	117
나의 정원 마치 해변에서	121
대체로 그녀는 침묵으로 나와 스쳤다	123
어떻게 태양이 떴는지 네게 말해줄게	125
어떤 행복한 꽃에게나 분명	127
습지는 다정하지만 비밀이 있다	129
나의 화산 위로 풀들이 자라니	131
우리는 무덤 위에서 놀지 않아요	133
언덕 주변 바뀐 모습 하나	135
내가 나를 숨긴 내 꽃이	139
나의 믿음은 동산보다 더 넓어	141
방이 아니어도 귀신들릴 수 있다	143
옮긴 후에	145
시 원문 찾아보기	156

A Wind like a Bugle

나팔처럼 불어온 한줄기 바람

Winter under cultivation
Is as arable as Spring.

겨울에도 경작하면
봄처럼 재배할 수 있다

Consulting summer's clock,
But half the hours remain.
I ascertain it with a shock —
I shall not look again.
The second half of joy
Is shorter than the first.
The truth I do not dare to know
I muffle with a jest.

여름 시계로는
시간이 절반 남았다
확실히 내게는 충격이다 —
내가 다시는 못 볼 것이다
기쁨의 후반부는
전반부보다 짧다
내가 감히 알지 못하는 진실을
나는 익살로 감싼다

There came a Wind like a Bugle —

It quivered through the Grass

And a Green Chill upon the Heat

So ominous did pass

We barred the Windows and the Doors

As from an Emerald Ghost —

The Doom's electric Moccasin

That very instant passed —

On a strange Mob of panting Trees

And Fences fled away

And Rivers where the Houses ran

Those looked that lived — that Day —

The Bell within the steeple wild

The flying tidings told —

How much can come

And much can go,

And yet abide the World!

나팔처럼 불어온 한줄기 바람 —
나부끼며 풀밭을 지나갔고
그 불길한 열기 위를
초록의 한기가 지나쳤다
에메랄드 유령이라도 올까 하여
우리는 문과 창을 막았다 —
열광적인 운명의 모카신이
바로 그 순간 지나갔는데 —
낯선 폭도, 헐떡이는 나무들과
울타리들을 스치고 줄행랑쳤다
그리고 집들이 달리기하는 강들
그날 — 보았을 때는 사람들이 살고 있었지 —
황량한 뾰쪽탑 속 종은
저 날아가는 파도의 이야기를 들려주었다 —
오기도 많이 오고
가기도 많이 가고
그래도 세상을 견디시라!

A solemn thing — it was — I said —
A woman — white — to be —
And wear — if God should count me fit —
Her blameless mystery —

A hallowed thing — to drop a life
Into the purple well —
Too plummetless — that it return —
Eternity — until —

I pondered how the bliss would look —
And would it feel as big —
When I could take it in my hand —
As hovering — seen — through fog —

And then — the size of this "small" life —
The Sages — call it small —
Swelled — like Horizons — in my vest —
And I sneered — softly — "small"!

근엄한 — 것이었다고 — 내가 말했잖아 —
흰 — 옷을 — 입고 있을 —
한 여성 — 그녀의 흠결 없는 신비로움에 —
혹시라도 내가 적합하다 신께서 여기신다면 —

거룩하다 한 것이 — 자줏빛 샘 속으로
한 삶을 떨구었지만 —
추가 그리 안 무거웠는지 — 다시 —
영원으로 — 돌아가고 나서 —

행복은 어떤 모습일지 곰곰이 생각해봤어 —
그것을 내 손 안에 쥘 수 있을 때
그 느낌의 크기는 —
안개를 뚫고 — 보이는 — 저 높이 떠 있는 그만큼일까 —

그런데 — 이 "작은" 삶의 크기가 —
현자들은 — 작다고 하지 —
내 조끼 속에서 — 지평선처럼 — 부풀기에
나는 씨익 웃으며 — 조용히 — "작아" 했어!

Blossoms will run away,

Cakes reign but a Day,

But Memory like Melody

Is pink Eternally.

꽃은 만발했으니 곧 달아나겠지
케이크의 통치는 단 하루
그러나 추억은 멜로디를 타고
영원히 분홍빛

Where Roses would not dare to go,
What Heart would risk the way —
And so I send my Crimson Scouts
To sound the Enemy —

장미들은 감히 가려 하지 않는 곳인데
어떤 마음이 무릅쓰고 그 길을 갈까 —
그래서 나는 나의 진홍 정찰대를 보내
적진을 염탐하려다 —

The Heart has many Doors —

I can but knock —

For any sweet "Come in"

Impelled to hark —

Not saddened by repulse,

Repast to me

That somewhere, there exists,

Supremacy —

마음에는 문이 많아 ―
나는 그저 노크할 뿐 ―
혹시라도 달콤한 "들어오세요" 들릴까
귀를 쫑긋하고 있을 수밖에 ―
퇴짜 맞더라도 슬프지 않아
내겐 늘 있는 일이니까
어딘가, 거기 존재하는
지존 ―

Sometimes with the Heart

마음이 있으면

기분

He went by sleep that drowsy route

To the surmising Inn —

At day break to begin his race

Or ever to remain —

그는 잠결에 저 졸린 경로를 따라가며
그저 여관이겠거니 짐작했다 ㅡ
날이 밝으려 하니 그는 경주를 시작할까
아니면 남아 있을까 ㅡ

Witchcraft has not a Pedigree

'Tis early as our Breath

And mourners meet it going out

The moment of our death —

마녀의 마법에는 계보가 없다
그것은 우리가 숨쉴 때부터 존재했고
그것이 나갈 때 문상객들이 그것과 마주치는
우리 죽음의 순간 ―

In snow thou comest

Thou shalt go with the resuming ground

The sweet derision of the crow

And Glee's advancing sound

In fear thou comest

Thou shalt go at such a gait of joy

That men anew embark to live

Upon the depth of thee —

눈 내릴 때 오는 당신은
땅이 다시 드러나
까마귀가 다정히 조롱하고
앞서가는 환희의 소리 들리면 떠날 것이다

겁에 질려 오는 당신은
인간이 새로이 출항하여
당신의 깊이에 따라 살게 되는
그런 기쁨의 걸음으로 떠날 것이다 ―

Sometimes with the Heart
Seldom with the Soul
Scarcer once with the Might
Few — love at all.

마음이 있으면 가끔
영혼이 실리면 드물게
한 번 힘이 생기면 더 희귀해지고
사랑은 아무튼 ― 별로 없다

Of Yellow was the outer Sky
In Yellower Yellow hewn
Till Saffron in Vermilion slid
Whose seam could not be shewn.

하늘 바깥은 더 노란 노랑에서
베어낸 노란빛이었다가
♦사프란이 진홍 속으로 미끄러졌는데
그 솔기 전혀 보이지 않았다

♦ 사프란 크로커스는 붓꽃과의 보라색 꽃이며 향신료 사프란은 스레드 thread 또는 실이라 불리는 이 꽃의 선명한 진홍색 암술을 말려 만든 것이다.

As subtle as tomorrow

That never came,

A warrant, a conviction,

Yet but a name.

전혀 오지 않았던
내일처럼 절묘한
영장, 판결,
하지만 이름일 뿐이다

Some one prepared this mighty show

생쥐가 준비한 이 대단한 쇼

Advance is Life's condition

The Grave but a Relay

Supposed to be a terminus

That makes it hated so —

The Tunnel is not lighted

Existence with a wall

Is better we consider

Than not exist at all —

전진은 인생의 조건
무덤은 계주일 뿐
종착점이 있기에
그렇게 미움받는다 ―

불 켜지지 않은 터널
벽 하나 있는 삶이
더 낫다고 우리는 생각한다
전혀 존재하지 않느니 ―

A Letter is a joy of Earth —

It is denied the Gods —

편지는 땅의 즐거움 —
신들에게는 거부당하지 —

Of God we ask one favor,

That we may be forgiven —

For what, he is presumed to know —

The Crime, from us, is hidden —

Immured the whole of Life

Within a magic Prison

We reprimand the Happiness

That too competes with Heaven.

신께 우리가 간청하오니
우리를 용서하소서 —
무엇 때문일지, 그분은 아시겠지 —
그 범죄가, 우리로부터, 감춰졌다 —

마법의 감옥 안에
일생을 전부 가두었다
천국과 다투기도 하는
행복을 우리는 힐난한다

Some one prepared this mighty show

To which without a Ticket go

The nations and the Days —

Displayed before the simplest Door

Pass slow before the humblest Door

That all may them — it — examine

and more

pomp of summer Days

The Ethiopian Days

어떤 이가 준비한 이 대단한 쇼
티켓 없어도 갈 수 있죠
온갖 나라 온갖 날들 —
펼쳐진 아주 단출한 문 앞
천천히 지나치는 소박한 문 앞
모두가 다 보겠죠 — 그것을 — 찬찬히 보겠죠
그 이상도
여름날의 장관
에티오피아의 날들

Nature can do no more

She has fulfilled her Dyes

Whatever Flower fail to come

Of other Summer days

Her crescent reimburse

If other Summers be

Nature's imposing negative

Nulls opportunity —

자연이 할 수 있는 것은 이 정도
자신의 염료를 다 채우고 나면
어떤 꽃이든 오지 못한다
대신 다른 여름날들에게
자신의 초승달로 변상한다
만일 여름이 또 있다 해도
자연이 당당하게 거절하니
기회는 무효다 ―

The event was directly behind Him

Yet He did not guess

Fitted itself to Himself like a Robe

Relished His ignorance.

Motioned itself to drill

Loaded and Levelled

And let His Flesh

Centuries from His soul.

이 사건이 그 남자 바로 뒤에 있었음에도
그는 상상도 못 했고
의복처럼 그 자신에게 잘 맞았기에
그는 그의 무지를 음미했다
사건은 직접 몸짓으로 연습하고
짐을 지고 높이를 맞추더니
그의 영혼으로부터 수백 년
그의 육신을 놔주었다

If I could tell

how glad I was

얼마나 반가운지 말로 표현할 수 있다면

If I could tell how glad I was

I should not be so glad —

But when I cannot make the Force

Nor mould it into Word

I know it is a sign

That new Dilemma be

From mathematics further off

Than for Eternity

얼마나 반가운지 말로 표현할 수 있다면
그렇게 반가워서는 안 된다 —
그러나 내가 힘을 쓰지 못하고
그것을 언어로 빚어내지 못한다면
그것은 그 새로운 딜레마가
영원을 향할 때보다
수학적으로 더 요원해졌다는
징표임을 나는 안다

Of this is Day composed

A morning and a noon

A Revelry unspeakable

And then a gay unknown

Whose Pomps allure and spurn

And dower and deprive

And penury for Glory

Remedilessly leave

낮은 이와 같이 구성되어 있다
하나의 아침과 하나의 정오
말할 수 없는 한 번의 흥청망청
다음은 알려지지 않은 한 번의 경거망동
그 장관에 혹 하고 쳇 하고
물려받기도 하고 뺏기기도 하고
영광을 좇아 빈궁해지니
구제불능이다

Fame is a fickle food

Upon a shifting plate

Whose table once a

Guest but not

The second time is set

Whose crumbs the crows inspect

And with ironic caw

Flap past it to the

Farmer's Corn —

Men eat of it and die.

명성은 변덕스러운 음식
바꿔놓는 접시에 올려
차린 식탁 한 번에 한
손님 그리고
두 번째는 차리지 않는다
남긴 부스러기를 까마귀들이 살펴보다
묘하게 깍깍대며
푸드득 지나쳐
농부의 옥수수로 가버렸고 —
사람들이 그것을 먹고 죽는다

The right to perish might be thought

An undisputed right —

Attempt it, and the Universe

Upon the opposite

Will concentrate its officers —

You cannot even die

But nature and mankind must pause

To pay you scrutiny.

소멸의 권리가
반박불가의 권리이기를 ―
시도하라, 그러면 우주가
반대편에서
자기 관료들을 모을 것이다 ―
그대는 죽을 수도 없으나
자연과 인류가 잠시 멈추어
그대를 면밀히 지켜봐야 한다

The Hills erect their Purple Heads

The Rivers lean to see

Yet Man has not of all the Throng

A Curiosity.

산들이 자줏빛 고개를 들면
강들은 보겠다고 기웃거리는데
인간은 저 무리가 전혀
궁금하지 않다

There comes an hour when begging stops,
When the long interceding lips
Perceive their prayer is vain.
"Thou shalt not" is a kinder sword
Than from a disappointing God
"Disciple, call again."

간청이 중단되는 시간이 온다
오랜 중재의 입술이
자신의 기도가 헛됨을 인식하는 시간이 온다
"하지 말라"는 차라리 친절한 칼
사라져가는 신에게서 들은 말이
"제자여, 다시 불러보아라"

Oh Future! thou secreted peace

Or subterranean woe —

Is there no wandering route of grace

That leads away from thee —

No circuit sage of all the course

Descried by cunning Men

To balk thee of thy sacred Prey —

Advancing to thy Den —

오 미래여! 그대는 비밀스런 평화
아니면 땅속 깊숙한 비통함 ―
그대에게서 나와 이어진
은총의 방랑길은 없나요 ―
모든 경로를 훤히 꿰는 순환로가 없음을
알아차린 교활한 사내들이
그대가 그대의 신성한 먹잇감에 실망하게 하려고 ―
그대의 소굴로 전진합니다 ―

His bill an auger is

His head, a cap and frill

He laboreth at every tree

A worm, his utmost goal —

그의 부리는 나사송곳

그의 머리는 프릴 달린 모자

그는 모든 나무에게 열심인데

벌레 한 마리, 그의 궁극의 목표 —

A route of evanescence

소설消失
히ヨ

An everywhere of silver

With ropes of sand

To keep it from effacing

The track called land.

사방은 온통 은이고
모래 밧줄이 줄줄이 있어
육지라는 흔적이
지워지지 않게 해주지

I like to see it lap the miles —
And lick the valleys up —
And stop to feed itself at tanks —
And then — prodigious step

Around a pile of mountains —
And supercilious peer
In shanties — by the sides of roads —
And then a quarry pare

To fit its sides, and crawl between
Complaining all the while
In horrid — hooting stanza —
Then chase itself down Hill —

And neigh like Boanerges —
Then — punctual as a Star
Stop — docile and omnipotent
At its own stable door —

나는 그것이 보고 싶다 몇 마일을 휘감고 —
골짜기들을 핥다가 —
호수에서 멈추어 먹이를 먹는 그것 —
그다음에는 — 거창한 걸음으로

산더미들을 돌아 돌아 —
길 양옆 — 오두막 안을 —
거만하게 응시한다
그리고 채석장을 깎아

양옆을 맞추고 그 사이를 기어들며
끔찍한 — 칙칙 소리 스탠자로 —
줄곧 투덜댄다
그리고 언덕 아래로 스스로를 재촉하고 —

보아너게들처럼◆ 히힝댄다 —
그다음에는 — 별처럼 정확한 시간에
자기 마구간 문 앞에서 —
멈춘다 — 유순하고 전능하다

◆ 신역성경 마가복음 3장 17절을 보면 예수는 세베대의 두 아들인 야고보와 요한을 "보아너게"라고 불렀는데, 성경의 저자는 이를 '우뢰의 아들들'이라고 번역했다.

Pink — and — small and punctual —
Aromatic — low —
Covert in April —
Candid — in May —

Dear to the moss —
Known to the knoll —
Next to the robin
In every human soul —

Bold little beauty —
Bedecked with thee
Nature forswears
Antiquity —

분홍 — 그리고 — 작은 것들 때맞춰 —
향긋 — 나지막이 —
사월에 숨어있더니 —
오월에 — 서슴없다 —

이끼에게 소중하고 —
작은 산이 알고 있고 —
로빈 옆에서
사람들 저마다의 마음속에서 —

당신으로 장식된
작지만 대담한 아름다움에 —
자연이 저버린
고풍 —

A fuzzy fellow without feet —

Yet doth exceeding run!

Of velvet, is his countenance —

And his complexion, dun!

Sometimes, he dwelt in the grass —

Sometimes, opon a bough,

From which he doth descend in plush

Opon the passer-by!

All this in summer —

But when winds alarm the Forest Folk,

He taketh Damask Residence —

And struts in sewing silk!

털북숭이 녀석 발도 없으면서 —
과속으로 달리는구나!
벨벳, 그의 용모에 —
그의 안색은, 우중충!

가끔은 풀밭 속에 살다 —
가끔은 가지 위에 있더니
플러시 옷을 차려입고 거기에서 내려와
지나가던 이 위에 앉았어!

이 모두 여름이었지 —
하지만 바람이 숲속 주민들에게 경고할 때
그는 다마스크♦ 저택을 차지하고는 —
비단을 바느질하며 활보하는군!

♦ 다마스크 직물은 인테리어 장식용으로 쓰이는 실크나 리넨으로 양면에 무늬가 드러나게 짠 두꺼운 직물이기도 하고 연분홍색, 담홍색의 다마스크 장미이기도 하다

Then, finer than a Lady,
Emerges in the spring!
A Feather on each shoulder!
You'd scarce recognize him!

By Men, yclept Caterpillar!
By me! But who am I,
To tell the pretty secret
Of the Butterfly!

그러다, 숙녀보다 더 근사하게
등장하는 봄!
양 옆에는 깃털 하나씩!
웬만해선 그를 알아보지 못할 거야!

사람들에게는, 애벌레라 불리고!
나에게는! 나일 뿐!
이 이야기의 예쁜 비밀은
바로 나비!

It sifts from Leaden Sieves —
It powders all the Field —
It fills with Alabaster Wool
The Wrinkles of the Road —

It makes an even face
Of Mountain and of Plain —
Unbroken Forehead from the East
Unto the East — again —

It reaches to the Fence —
It wraps it, Rail by Rail,
Till it is lost in Fleeces —
It flings a Crystal Vail

On Stump — and Stack — and Stem —
The Summer's empty Room —
Acres of Joints — where Harvests were —
Recordless — but for them —

It Ruffles Wrists of Posts,
And Ankles of a Queen —
Then stills its Artisans like Ghosts —
Denying they have been.

그것은 묵직한 체에 밭쳐 —
들판에 온통 가루를 뿌리며 —
흰 양털 가득
길에 주름을 냅니다 —

그것은 산이며 들이며
평평한 얼굴을 만들었으니 —
이마는 흐트러짐 없이 동쪽에서
다시 동쪽까지 — 훤합니다 —

그것은 울타리까지 다다르면 —
가로대 하나하나 폭 싸줍니다
그것은 수정 베일을 휘날리다 —
양털 속을 헤맵니다

그루터기와 건초 더미와 나무줄기 위로 —
여름에는 빈방이지만 —
추수 넘긴 — 들판의 솔기들 —
이들 빼고는 — 기록이 없습니다 —

그것이 펄럭이는 초소의 손목
그리고 여왕의 발목 —
그러다가 혼령 같은 그의 장인들을 잠재웁니다
자기들은 아니라 부인하지요

There's something quieter than sleep
Within this inner room!
It wears a sprig upon its breast —
And will not tell its name.

Some touch it, and some kiss it —
Some chafe its idle hand —
It has a simple gravity
I do not understand!

I would not weep if I were they —
How rude in one to sob!
Might scare the quiet fairy
Back to her native wood!

While simple-hearted neighbors
Chat of the "Early dead" —
We — prone to periphrasis,
Remark that Birds have fled!

이 내실 안으로 들어온 뭔가가
잠보다 고요하구나!
품에 잔가지 하나 달고 —
자기 이름 말하지 않겠지

누구는 만져보고, 누구는 입 맞추고 —
누구는 그의 한가한 손을 쓰다듬는다 —
그의 중력은 소박한데
나는 이해 못 하겠다!

내가 그들이라면 울지 않겠다 —
하나되어 훌쩍이는 것은 너무 무례해!
이 조용한 요정이 겁먹고
그녀가 태어난 숲으로 돌아갈지도 몰라!

소박한 마음의 이웃들이
그 "이른 시신"에 대해 수다하는 동안 —
에두르기 좋아하는 우리는 — 말한다
새들이 날아가 버렸어!

A Route of Evanescence

With a revolving wheel —

A Resonance of Emerald —

A Rush of Cochineal —

And every Blossom on the Bush

Adjusts it's tumbled Head —

The mail from Tunis, probably,

An easy Morning's Ride —

소실消失 루트
굴러가는 바퀴 하나 —
에메랄드의 공명 —
연지벌레의 줄행랑 —
그리고 가지에 피어난 꽃송이 하나하나
숙인 고개를 까딱인다 —
튀니스에서 온 편지, 아마도
가뿐한 아침 일주 —

Presentiment is

that long Shadow on the Lawn

잔디밭 위 저 진 그림자

애잔이불

Presentiment — is that long Shadow — on the Lawn —
Indicative that Suns go down —

The Notice to the startled Grass
That Darkness — is about to pass —

예감이란 — 잔디밭 위 — 저 긴 그림자 —
곧 해가 지겠구나 —

깜짝 놀란 풀들에게 알리는 공지
어둠이 — 곧 통과합니다 —

She dealt her pretty words like Blades —
How glittering they shone —
And every One unbarred a Nerve
Or wantoned with a Bone —

She never deemed — she hurt —
That — is not Steel's Affair —
A vulgar grimace in the Flesh —
How ill the Creatures bear —

To Ache is human — not polite —
The Film upon the eye
Mortality's old Custom —
Just locking up — to Die —

그녀는 자신의 예쁘장한 언어의 날을 벼렸다 —
얼마나 반짝이며 빛났던지 —
한 마디 한 마디가 모든 신경을 들추고
뼈 하나씩 갖고 놀았다 —

그녀는 절대 — 해칠 — 의도가 없었다
이것이 — 강철의 일은 아니니 —
살의 저속한 찡그림 —
창조물들이 견뎌야 할 괴로움 —

통증은 인간적이나 — 정중하지는 않다 —
눈 위 막이
사망의 오랜 관습대로 —
그냥 문을 걸어 잠그고 — 죽는다 —

Nobody knows this little Rose —

It might a pilgrim be

Did I not take it from the ways

And lift it up to thee.

Only a Bee will miss it —

Only a Butterfly,

Hastening from far journey —

On its breast to lie —

Only a Bird will wonder —

Only a Breeze will sigh —

Ah Little Rose — how easy

For such as thee to die!

이 작은 장미를 아무도 몰라요 —
순례자일까요
나는 그런 식으로 그를 갖지 않고
그를 들어 올려 당신에게 드립니다
오직 벌 한 마리 그를 그리워할 테고 —
오직 나비 한 마리
먼 길 다녀와 서두르며 —
이 친구 품에 누워 —
오직 새 한 마리 궁금해 할 거예요 —
오직 바람 한줄기 한숨 쉴 거예요 —
아 작은 장미 — 죽는다는 것이
당신 같은 이에게는 너무 쉽겠죠!

Morns like these — we parted —
Noons like these — she rose —
Fluttering first — then firmer
To her fair repose.

Never did she lisp it —
It was not for me —
She — was mute from transport —
I — from agony —

Till — the evening nearing
One the curtains drew —
Quick! A Sharper rustling!
And this linnet flew!

우리가 헤어졌던 ― 그때 같은 ― 아침들 ―
그녀가 일어났던 ― 그때 같은 ― 한낮들 ―
처음에는 힘차게 날갯짓하다 ― 그러고는 흔들림 없이 ―
정당한 그녀의 휴식에 이른다

절대 말을 얼버무릴 그녀는 아니었다 ―
나를 위한 것은 아니었지만 ―
그녀는 ― 이동 중이라 ―
나는 ― 괴로워서 ― 말하지 않았다

저녁이 가까우면 ―
어떤 이가 커튼을 걷었다 ―
얼른! 더 날렵하게 바스락!
그리고 이 방울새는 날아갔다!

So has a Daisy vanished

From the fields today —

So tiptoed many a slipper

To Paradise away —

Oozed so in crimson bubbles

Day's departing tide —

Blooming — tripping — flowing

Are ye then with God?

그렇게 데이지 한 송이 사라졌다
오늘 들판에서 —
그렇게 수많은 슬리퍼가 깨금발로
저 멀리 파라다이스로 갔건만 —

선홍의 거품 속에서 그렇게 스며 나와
떠나는 낮의 조수 —
만개하고 — 발걸음 가볍게 — 흐르고
그래서 이제 그대는 신과 함께 있는가?

All these my banners be

I sow my pageantry

In May —

It rises train by train —

Then sleeps in state again —

My chancel — all the plain

Today

To lose — if one can find again —

To miss — if one shall meet —

The Burglar cannot rob — then —

The Broker cannot cheat.

So build the hillocks gaily

Thou little spade of mine

Leaving nooks for Daisy

And for Columbine —

You and I the secret

Of the Crocus know —

Let us chant it softly —

"There is no more snow!"

이 모든 것들이 나의 깃발이길
나는 나의 장관을 파종한다
오월 —
나란히 줄지어 일어나더니 —
다시 정식으로 취침에 들어간다 —
오늘
나의 성단소는♦ — 저 너른 평원 전체

다시 찾을 수만 있다면 — 잃겠지 —
만날 수만 있다면 — 그리워하겠지 —
도둑이 훔칠 수 없다 — 그리고 —
거간꾼이 속일 수 없다
그렇게 언덕들을 즐겁게 지으니
그대 나의 작은 삽은
구석진 곳을 데이지 위해 남겨두고
그리고 매발톱꽃을 위해서도 —
그대와 내가 아는
크로커스의 비밀 —
우리 같이 나지막이 노래해보자 —
"이제 눈은 더 안 와요!"

♦ 성단소chancel는 기독교 교회에서 예배드릴 때 제단 옆에 성직자의 좌석과 성가대 좌석이 있는 공간이다.

To him who keeps an Orchis' heart —

The swamps are pink with June

난초의 심장을 간직한 그에게 —
유월 습지는 분홍

The morns are meeker than they were —
The nuts are getting brown —
The berry's cheek is plumper —
The Rose is out of town.

The Maple wears a gayer scarf —
The field a scarlet gown —
Lest I should be old fashioned
I'll put a trinket on.

아침이 전보다 순해졌다 ―
밤들은 점점 밤색이 되어가고 ―
산 열매 뺨은 더 포동포동하고 ―
장미는 외유 중이다

단풍은 화사한 스카프 걸치고 ―
붉은 드레스 차려입은 들판 ―
구식 차림 안 되려면
나도 뭐든 액세서리 하나 해야겠다

By such and such an offering

To Mr. So and So —

The web of live woven —

So martyrs albums show!

모모씨에게 드리는

그렇고 그런 제물로 ―

산 채 짠 그물 ―

그렇게 순교자 앨범을 보여준다!

When Katie walks,

this simple pair accompany her side,

When Katie runs unwearied

they follow on the road,

When Katie kneels,

their loving hands still clasp her pious knee —

Ah! Katie! Smile at Fortune,

with two so knit to thee!

케이티가 걸으면
이 수수한 둘이 옆에서 동행하고
케이티가 지칠 줄 모르고 달리면
이들이 길까지 따라오고
케이티가 무릎 꿇으면
이들의 사랑스런 손 그녀의 경건한 무릎 꼭 껴안고 ―
아! 케이티! 운명에 미소 지으렴
네게 이렇게 찰싹 붙은 둘과 함께!

I keep my pledge —

I was not called —

Death did not notice me.

I bring my Rose —

I plight again —

By every sainted Bee —

By Daisy called from hillside —

by Bobolink from lane —

Blossom and I —

Her oath, and mine —

Will surely come again —

맹세합니다 —
내가 부름 받지 않았으니 —
죽음이 나를 알아차리지 못했습니다
내가 나의 장미를 가져오니 —
성자가 된 벌 한 마리 한 마리 모두를 걸고 —
산등성이에서 불려온 데이지를 걸고 —
시골길에서 불려온 보보링크를 걸고 —
내가 다시 서약합니다 —
꽃과 나는 —
꽃의 맹세와 나의 맹세는 —
분명 다시 올 것입니다 —

On my volcano grows the Grass

나의 화산 아프 풀들이 자라니

On such a night, or such a night,
Would anybody care
If such a little figure
Slipped quiet from its chair,

So quiet — Oh how quiet,
That nobody might know
But that the little figure
Rocked softer — to and fro —

On such a dawn, or such a dawn —
Would anybody sigh
That such a little figure
Too sound asleep did lie

For Chanticleer to wake it —
Or stirring house below —
Or giddy bird in orchard —
Or early task to do?

그런 밤에, 그런 밤에
그런 작은 형체가
의자에서 조용히 빠져나온들
누가 신경쓰겠냐만

그렇게 조용해서 ― 오 정말 조용해서
아무도 모르겠지만
저 작은 형체는
더 조용히 까딱였다 ― 앞으로 뒤로 ―

그런 새벽, 또는 그런 새벽에 ―
누가 한숨 쉬겠느냐만
저 작은 형체는
너무 깊이 잠들어 누웠으니

수탉이 그를 깨우려 해도 ―
아래에서 집이 휘청대도 ―
과수원에서 새가 어질대도 ―
아니면 일찍 할 일이라도 있을까?

There was a little figure plump

For every little knoll,

Busy needles, and spools of thread —

And trudging feet from school —

Playmates, and holidays, and nuts —

And visions vast and small.

Strange that the feet so precious charged

Should reach so small a goal!

작고 통통한 형체가
작은 야산마다 하나씩 있듯
부산한 바늘들, 그리고 실 감긴 실패들 —
그리고 학교에서 터벅터벅 돌아오는 발걸음 —

짝꿍들, 휴일, 그리고 나무 열매들 —
그리고 광활하고 소소한 광경들
이상해, 발은 이렇게 소중하고 벅찬데
이렇게 사소한 목표에 도달해야 하다니!

My Garden — like the Beach —

Denotes there be — a Sea —

That's Summer —

Such as These — the Pearls

She fetches — such as Me

나의 정원 — 마치 해변에서 —
바다가 — 있음을 알게 되듯 —
여름이다 —
뭐 이런 것들 — 진주들
그녀가 가져오는 — 나 같은 것들

Most she touched me by her muteness —
Most she won me by the way
She presented her small figure —
Plea itself — for Charity —

Were a Crumb my whole possession —
Were there famine in the land —
Were it my resource from starving —
Could I such a plea withstand —

Not opon her knee to thank me
Sank the this Beggar from the Sky —
But the Crumb partook — departed —
And returned on High —

I supposed — when sudden
Such a Praise began
'Twas as Space sat singing
To herself — and men —

'Twas the Winged Beggar —
Afterward I learned
To her Benefactor
paying Making Gratitude

대체로 그녀는 침묵으로 나와 스쳤다 —
대체로 그녀가 나를 이겼던 건
자신의 작은 모습을 보여줄 때였다 —
그 자체로 간청하며 — 자비를 구했다 —

부스러기 한 조각이 내가 가진 전부라면 —
땅에 기근이 들었다면 —
그것이 굶주림에서 얻은 나의 자원이라면 —
그런 간청을 나 몰라라 할 수 있을까 —

하늘에서 내려온 이 거지는 —
내 앞에서 감사의 무릎 꿇지 않고
그 부스러기를 먹고 — 출발했다 —
그리고 높은 곳으로 돌아갔다 —

내 짐작에 — 갑자기
그런 찬양이 시작되었으니
그것은 마치 우주가 앉아 노래하는 듯했다
자신과 — 인간들에게 —

그것은 날개달린 거지 —
그 후로 내가 배운 것은
그녀의 은인에게
보답으로 사례한 지불

I'll tell you how the Sun rose —

A Ribbon at a time —

The Steeples swam in Amethyst —

The news, like Squirrels, ran —

The Hills untied their Bonnets —

The Bobolinks — begun —

Then I said softly to myself —

"That must have been the Sun!"

But how he set — I know not —

There seemed a purple stile

That little Yellow boys and girls

Were climbing all the while —

Till when they reached the other side,

A Dominie in Gray —

Put gently up the evening Bars —

And led the flock away —

어떻게 태양이 떴는지 네게 말해줄게 —
리본은 한 번에 하나 —
첨탑들은 자수정 속에서 유영했고 —
그 소식은 다람쥐처럼 달렸어 —
언덕은 모자 끈을 풀었고 —
보보링크들이 — 시작했지 —
그러면 나는 혼자 속삭였어 —
"분명 저게 태양이었을 거야!" 라고
하지만 어떻게 졌는지 — 나는 알지 못해 —
자줏빛 문설주가 있었던 듯한데
거기를 노란 남자애들과 여자애들은
다른 편에 도달할 때까지
내내 넘어 다녔어 —
회색 옷의 사제는 —
저녁 빗장을 점잖게 올려놓고 —
양떼를 끌고 가버렸어 —

Apparently with no surprise

To any happy Flower

The Frost beheads it at its play —

In accidental power —

The blonde Assassin passes on —

The Sun proceeds unmoved

To measure off another Day

For an Approving God —

어떤 행복한 꽃에게나 분명
놀랄 일은 아니겠지만
서리는 놀고 있던 꽃을 참수한다 —
우연의 힘이다 —
금발의 암살자가 넘겨준다 —
태양은 미동 없이 갈 길 가며
신의 승낙을 위해
또 하루를 가늠한다 —

Sweet is the swamp with its secrets,
Until we meet a snake;
'Tis then we sigh for houses,
And our departure take

At that enthralling gallop
That only childhood knows.
A snake is summer's treason,
And guile is where it goes.

습지는 다정하지만 비밀이 있다
어쩌다 우리가 뱀을 만나면
우리는 집에 가겠다며 한숨짓고
출발하는데

신났던 그 질주는
오직 어린아이들만 알 수 있다
뱀은 여름의 반역
그가 다니는 곳은 교활하다

On my volcano grows the Grass

A meditative spot —

An acre for a Bird to choose

Would be the General thought —

How red the Fire rocks below

How insecure the sod

Did I disclose

Would populate with awe my solitude.

나의 화산 위로 풀들이 자라니
명상 지점 ―
새 한 마리가 선택할 들판 하나쯤이면
보편의 사유 ―

밑에서 흔드는 시뻘건 불길
불안정하기 그지없는 뗏장
들춰본다면
나의 고독에 경이가 깃들어 있겠지

We do not play on Graves —

Because there isn't Room —

Besides — it isn't even — it slants

And People come —

And put a Flower on it —

And hang their faces so —

We're fearing that their Hearts will drop —

And crush our pretty play —

And so we move as far

As Enemies — away —

Just looking round to see how far

It is — Occasionally —

우리는 무덤 위에서 놀지 않아요 —
공간도 없고 —
게다가 — 평평하지도 않아요 — 기울어졌죠
그리고 사람들이 와서 —

그 위에 꽃 한 송이 놓지요 —
그들의 얼굴도 그렇게 걸어 둬요 —
무서워요 이들의 심장이 떨어져 —
우리의 어여쁜 놀이를 망가뜨리면 어떡해요 —

그래서 우리는 멀리 옮겼어요
마치 적들이 — 물러가듯 —
그게 얼마나 멀까 알고 싶어
그냥 둘러보지요 — 가끔 —

An altered look about the hills —

A Tyrian light the village fills —

A wider sunrise in the morn —

A deeper twilight on the lawn —

A print of a vermillion foot —

A purple finger on the slope —

A flippant fly upon the pane —

A spider at his trade again —

An added strut in Chanticleer —

A flower expected everywhere —

An axe shrill singing in the woods —

Fern odors on untravelled roads —

All this and more I cannot tell —

A furtive look you know as well —

And Nicodemus' Mystery

Receives its annual reply!

언덕 주변 바뀐 모습 하나 ―

마을을 채운 티레◆의 불빛 하나 ―

아침이면 너른 해돋이 하나 ―

풀밭에 드리운 짙은 황혼 하나 ―

주홍 발자국 하나 ―

비탈에는 보랏빛 손가락 하나 ―

유리창에 앉아 팔락이는 파리 한 마리 ―

다시 거래를 시도하는 거미 한 마리 ―

더불어 어슬렁거리는 장닭 한 마리 ―

사방에서 기대했던 꽃 한 송이 ―

숲속에서 날카로이 노래하는 도끼 한 자루 ―

인적 없는 길 위로 고사리 향 퍼지고 ―

이 모든 것 말고도 내가 말하지 못한 것들이 많다 ―

그대도 알고 있는 남모를 모습 하나 ―

그리고 해마다 응답받는

니고데모의 신비◆!

♦ 티레Tyre는 레바논의 고도古都. 로마시대 이전부터 황제와 성직자의 의복에 쓰인 티리언 퍼플이라는 자주색 염료가 유명하고, 티리언 램프라는 램프 양식이 지금까지 사용된다.

♦ 니고데모의 신비Nicodemus' Mystery
"그런데 바리새인 중에 니고데모라 하는 사람이 있으니 유대인의 지도자라. 그가 밤에 예수께 와서 이르되 랍비여 우리가 당신은 하나님께로부터 오신 선생인 줄 아나이다 하나님이 함께 하시지 아니하시면 당신이 행하시는 이 표적을 아무도 할 수 없음이니이다. 예수께서 대답하여 이르시되 진실로 진실로 네게 이르노니 사람이 거듭나지 아니하면 하나님의 나라를 볼 수 없느니라. 니고데모가 이르되 사람이 늙으면 어떻게 날 수 있사옵나이까 두 번째 모태에 들어갔다가 날 수 있사옵나이까. 예수께서 대답하시되 진실로 진실로 네게 이르노니 사람이 물과 성령으로 나지 아니하면 하나님의 나라에 들어갈 수 없느니라. 육으로 난 것은 육이요 영으로 난 것은 영이니 내가 네게 거듭나야 하겠다 하는 말을 놀랍게 여기지 말라." (요한복음 3:1-5)

I hide myself — within my flower,

That fading from your Vase —

You — unsuspecting — feel for me —

Almost — a loneliness —

내가 나를 숨긴 ― 내 꽃이 ―
당신의 꽃병에서 점점 시들어 가는데 ―
당신은 ― 아무 낌새 모르고 ― 나를 가여워하니 ―
거의 ― 고독 ―

My Faith is larger than the Hills —
So when the Hills decay —
My Faith must take the Purple Wheel
To show the Sun the way —

'Tis first He steps upon the Vane —
And then — upon the Hill —
And then abroad the World He go
To do His Golden Will —

And if His Yellow feet should miss —
The Bird would not arise —
The Flowers would slumber on their Stems —
No Bells have Paradise —

How dare I, therefore, stint a faith
On which so vast depends —
Lest Firmament should fail for me —
The Rivet in the Bands

나의 믿음은 동산보다 더 넓어 —
동산이 쇠락할 때 —
나의 믿음은 자줏빛 수레바퀴를 가져다
태양에게 길을 보여줘야 한다 —

먼저 바람개비 위로 한발 딛는다 —
그다음에는 — 동산 위로 —
그다음에 세상으로 나아가
자신의 황금 의지를 펼치려 한다 —

그런데 만일 자신의 노란 발을 놓치기라도 한다면 —
새는 일어나지 않을 것이고 —
꽃들은 꽃대 위에서 잠들 것이다 —
낙원을 지닌 종鐘은 없다 —

그러하니 어찌 감히 내가 믿음을 아까워하겠는가
의지하는 것들이 이렇게 무궁무진한데 —
창공이 나로 인해 추락하지 않도록 —
리벳 박은 띠들

One need not be a Chamber — to be Haunted —
One need not be a House —
The Brain has Corridors — surpassing
Material Place —

Far safer, of a Midnight Meeting
External Ghost
Than its interior Confronting —
That Cooler Host.

Far safer, through an Abbey gallop,
The Stones a'chase —
Than Unarmed, one's a'self encounter —
In lonesome Place —

Ourself behind ourself, concealed —
Should startle most —
Assassin hid in our Apartment
Be Horror's least.

The Body — borrows a Revolver —
He bolts the Door —
O'erlooking a superior spectre —
Or More —

방이 아니어도 — 귀신들릴 수 있다 —
집일 필요도 없다 —
물리적 장소를 — 능가하는
머릿속 복도들 —

외부 유령과의 심야 만남이
훨씬 더 안전하다
더 서늘한 저 주인을 —
안에서 직면하느니

훨씬 더 안전한 것은, 수도원 통과 질주
석조 추격 —
무장하지 않고, 외딴곳에서 —
자기 자아와 조우하느니 —

자아 뒤의 자아, 숨어있으면 —
정말 깜짝 놀랄 수밖에 —
우리 아파트 안 숨은 암살자는
차라리 하찮은 공포이리라

몸이 — 권총 하나 빌리고 —
문에 자물쇠를 걸고 —
지체 높은 혼령을 굽어본다 —
아니 그 이상일지도 —

The Riddle we can guess
We speedily despise —
Not anything is stale so long
As Yesterday's surprise —

Emily Dickinson

추측할 수 있는 수수께끼는
신속히 경멸하죠 —
어제의 놀라움만큼
낡고 진부한 것은 없잖아요 —

에밀리 디킨슨
(히긴슨에게 보내는 편지 초고에 함께 쓴 시, 시는 보내지 않음)

옮긴 후에

당신에게 캥거루는 어떤 의미인가요?

박혜란

　　　　에밀리 디킨슨의 첫 번역시집 『절대 돌아올 수 없는 것들』을 읽은 많은 분들이 물으셨다. 21세기 한국 독자들에게는 디킨슨의 시는 구식이고 좀 낯설고 어려운데 왜 하필 디킨슨 시를 번역하느냐고. 여러 이유가 있었지만, 에밀리 디킨슨의 시를 읽으면서 얻은 나름의 시학적 깨달음을 시읽기의 독법으로 함께 나누고 싶은 마음도 있었다. 디킨슨에게 시읽기는 독서 게임이며 시읽기 게임을 플레이하는 과정 자체가 일종의 인지 예술이라는 것. 시를 보면, 시인은 누구나 끄덕일 법한 인생의 지혜를 이미 모두 알고 있다는 듯 시작해서 독자의 예상과는 전혀 상관없이 해독의 숙제를 남기고 끝맺는다. '영희가 친구 철수의 생일에 데이지 한 다발과 장미 열 송이를 선물하려고 서른일곱 걸음을 걸어 꽃밭으로 갔다'로 시작하여 '그날 영희가 길가에서 만난 나비가 애벌레였을 때 만난 아침은 며칠 전이었을까?'로 끝나는 이상한 수학 숙제를 풀어야 할 것 같은 느낌이다. 합리적이지도 효율적이지도 못하고 쓸모없는 이런 재미 때문에 디킨슨 번역은 시작됐다.

물론 시인의 삶 자체가 수수께끼다. 시인은 19세기 당시 미국 중산층들이 주도했던 미국휘그당을 이끌었던 가문에서 태어나, 결혼하지 않고 외부 세계와 교류하지도 않고, 태어나고 자란 집에서만 살다 죽었다. 사후, 1800편이 넘는 (시간이 지나 연구가 계속될수록 시인이 남긴 시는 계속 발견되고 있다) 시를 공개하지 않고 몰래 남겼다. 이러한 시인에 대한 흔한 질문들. 왜 결혼을 안 했을까? 결혼은 안 했어도 연애는 했겠지. 유부남을 좋아했나? 못생겨서 아무도 청혼하지 않았나? 당시에 자기 작품을 출판해서 유명해진 여성작가들이 많았는데, 출판은 왜 안 했지? 못한 건가? 부유한 가문이라 돈을 안 벌어도 됐었나보다. 이 시는 무슨 뜻이지? 아무래도 시의 의미를 모르겠는데, 시에 특별한 누군가만 알 수 있는 무슨 암호를 숨긴 때문일까? 그 누군가는 누굴까? 에밀리 디킨슨에 대해 비평가들조차도 종종 하는 흔한 질문들이고 흔한 추측이다.

그래서 어떤 이들은 시를 읽으면서 시인의 전기를 쓴다. 시인이 되겠다는 열망과 좌절의 드라마틱한 감정의 굴곡을 단정하고, 비밀스런 로맨스와 내밀한 실연을 상상하고, 독자 본인의 것인지 시인의 것인지 약간 혼동하면서, 독자들은 디킨슨을 상실과 좌절, 외로움의 통증에 힘들어하는 신경증 환자로 만든다. 억압적인 아버지에 저항하던 시인은 어느 새 평생 세상을 등지고 평생 흰 옷만 입고 오로지 자기만의 방에서 혼자 지내다 젊은 나이에 자살해버렸다. 시 속에서 시인의 드라마를 상상하는 독서는 서정시를 읽는 흔한 방법이다.

고독과 상실, 고통, 죽음, 불멸을 명상하는 시들이 많아서 디킨슨에게도 뭔가 가슴 아픈 드라마가 나올 법하지만 하지만 실제는 꽤 다르다. 시인에 대해 알려진 사실이 많지는 않다. 병원 진단기록으로 짐작컨대 평생 신경쇠약으로 고생했고, 비혼으로 아버지의 저택에서 살았다. 10대를 보낸 애머스트 아카데미Amhurst Academy에서는 병약하여 학교를 쉬는 기간이 많았음에도 매우 총명하고 뛰어난 학생으로, 영어와 고전문학, 식물학, 기하와 수학, 역사, 철학 등 학업에 열심이었고, 수잔 헌팅턴 길버트(후에 에밀리 디킨슨의 오빠 오스틴 디킨슨과 결혼한다)를 비롯해 평생의 친구들을 사귀게 된다. 친구들에게 때로는 위트와 유머가 넘치는 재기발랄한 수수께끼를 담은 시를 보내기도 하고 시쓰기에 대한 열망과 애정을 고백하고, 가까운 이들의 상실과 아픔에 위로와 격려 메시지를 쪽지로 보냈다.

나이가 들면서 시인은 점점 바깥출입을 하지 않고 집에서만 지냈다. 30대 중반부터 은둔생활에 들어갔다고 하는데, 평생 병석에 누워 있던 어머니를 돌보며 가사를 책임지느라 바깥출입이 자유롭지 못했을 것이다. 사실 '왜'에 대한 답보다는 '그래서' 다음의 답을 상상하는 것이 더 유익하고 재미있지 않을까? 디킨슨의 호밀빵은 지금도 유기농 건강 레시피로 유명하고, 시인이 가꾼 정원은 정원연구의 중요한 자료로 보존되어 있으며, 시인이 채집하여 만든 식물표본집도 식물학자들에게는 중요한 자료다.

그리고 무엇보다 이 시기에 폭발하듯 엄청난 양의 시를 쓰게 된다. 그 사이 사회적으로는 노예제도에 대한 찬반이 대립했고 결국 남북전쟁이 발발했다. 개인적으로는 세월이 흐르면서 소중한 가족과 친구들, 반려견이 세상을 떠났다. 사회적 격변과 개인적 상실과 변화들은 시인의 언어가 되고 사상의 흔적으로 남아 후대의 독자들이 풀어야 할 숙제가 되었다. 56세에 신장병으로 추측되는 질환으로 세상을 떠나기 전까지 자신의 삶에 충실했던 시인에게 인생의 가장 중요한 일은 평생 손에서 놓지 않은 시쓰기였다. 평생의 시쓰기는 시인의 생애에 대한 수수께끼가 아니라 오히려 답이 아닐까?

시가 된 수수께끼

> 그의 부리는 나사송곳
> 그의 머리는 프릴 달린 모자
> 그는 모든 나무에게 열심인데
> 벌레 한 마리, 그의 궁극의 목표 ―
> 『모두 예쁜데 나만 캥거루』, 71

벌레 한 마리를 궁극의 목표로 부리를 나사송곳 삼아 나무에게 뭔가 열심히 해대고 있는 머리에 프릴 달린 그는 누구일까? 딱따구리의 모습과 행동을 알고 있다면 너무 쉬운 문제겠지만 딱따구리일 수밖에 없는 특이한 행동이 벌레 한 마리 때문이었다는 마지막 단서에 독자는 시에 대해 좀 더 이야기하고 싶어질 것이다.

> 나는 그것이 보고 싶다 몇 마일을 휘감고 ―
> 골짜기들을 핥다가 ―
> 호수에서 멈추어 먹이를 먹는 그것 ―
> 『모두 예쁜데 나만 캥거루』, 77

먹이를 쫓듯 골짜기와 호수를 휘감으며 몇 마일을 달리는 그것은 무엇일까? 디킨슨의 시에는 대명사가 많다. 그것 그 남자 그 여자 그들이 누구일지 뿐만 아니라 너와 나는 누구일지까지 지시대상이 어떤 존재인지 알아가는 과정이 시의 내적 구성을 이루기도 한다. 핵심에 파고드는 탐구의 과정은 독자의 몫이고 시는 중심의 둘레를 맴돌며 중심을 궁금하게 만들고 우리가 알고 있는 중심에 대한 생각을 회의하게 하면서 중심의 의미를 넓혀간다.

둘레 혹은 맴돌기 circumference

> 나의 일은 맴돌기랍니다 ―

> 관습을 몰라서가 아니라,
> 동트는 모습에 사로잡혔거나 —
> 석양이 나를 보고 있으면 그래요 —
> 『모두 예쁜데 나만 캥거루』 제사 중에서

  디킨슨은 당시 영향력 있던 평론가 히긴슨에게 보내는 편지에서 자신의 일이 원의 둘레circumference라고 했다. 맴돌기 또는 원둘레를 그리는 일은 원의 바깥을 구성하는 활동이다. 중심에 집중하거나 유일한 핵심을 전제로 이에 대해 명징하고 직접적인 설명을 제시하지도 않고, 전진하고 확장하는 논리와 결말의 서사를 발전시키지도 않는다. 시인의 언어는 의도를 직접 주장하지 않는다. 다만 삐딱하고 비스듬하고 우회하며 계속 둘레를 돌고 있다. 배제하지 않지만 굽히지도 않는다. 시인은 관습을 알지만 따르지 않는다. 관습과 전통은 시를 진부하게 하지만 시의 의미와 정서에 맥락이 되어주기도 한다. 문학적 관례를 벗어난 시는 의미 파악이 쉽지 않고 잘못 쓴 시가 되어버린다. 디킨슨의 시는 시의 장르적 관습과는 전혀 다른 리듬과 형식으로, 영미문학과 지적 전통에서 비껴있기 때문에 당시 영미권 시에 익숙한 독자들에게는 매우 낯설고 서툴러 보였을지 모른다. 그러나 시인이 전통이나 관습보다 새벽 일출과 저녁 석양에 넋을 잃어 빠져있었다는 고백을 이해한다면, 온통 아름다운 자연 속에서 껑충껑충 뛰며 나대는 캥거루를 상상할 수 있다면, 시인도 시도 조금은 더 편안히 다가올 것이다.

  이 편지는 "모두 예쁜데 나만 캥거루예요"라고 이어지는데, '모두 예쁜데 나만' 하고 말한 다음에 당연히 예쁘지 않은 '추함'의 존재여야 할 것 같은데, 이렇게 기대한 독자들에게 '캥거루'는 과연 적절했나? 막연히 시인은 캥거루가 못생긴 동물을 대표한다고 생각하나보다 단정하고 싶지만 다시 편지의 앞으로 가서, 시인이 맴돌기를 일과로 삼는 이유를 떠올린다면 캥거루는 다름 아닌 예쁜 것들에 매료된 시인의 모습이겠다 싶다. 아름다운 것들 사이에서 어울리는 모습은 아닐지 몰라도 즐

겹게 경중대는 캥거루의 마음과 또 그런 캥거루를 보고 있는 우리의 감상은 어떤 모습일까?

경험과 상상력

> 이것으로 낮은 구성되어 있다
> 하나의 아침과 하나의 정오
> 말할 수 없는 한 번의 흥청망청
> 다음은 알려지지 않은 한 번의 경거망동
> 그 장관에 혹 하고 쳇 하고
> 물려받기도 하고 뺏기기도 하고
> 영광을 좇아 빈궁해지니
> 구제불능이다
> 『모두 예쁜데 나만 캥거루』, 59

시는 낮을 구성하는 것들을 열거하면서 시작하지만 실제 시에 드러난 것은 한낮 자연의 장관에 한껏 도취한 화자의 희열이다. 자연 속 즐거움은 에밀리 디킨슨의 시에서만 보이는 것은 아니다. 에머슨이나 휘트먼, 소로와 같은 동시대 미국 시인과 철학자들은 구대륙의 체제와 제도로부터 해방된 대자연 미국을 찬양했다. 인간을 구속하고 억압하는 문명의 질서와 근대적 산업화에 반발했던 19세기 유럽의 낭만주의 시인들은 있는 자체만으로도 보는 이들을 치유하고 위로가 될 자연과 자연과의 교감을 가능하게 하는 감성과 사유를 중요하게 여겼다. 디킨슨도 이러한 낭만주의 시 전통에 한 발 걸치고 있지만 사명감이나 고뇌는 없다. 자연에 만취된 삶이 이미 디킨슨에게는 일상이기 때문이다. 자연은 인간의 기술로 발효하지 않았지만 그 아름다움만으로도 시인을 '바람의 술꾼'이자 '이슬의 고주망태'로 만들어 버린다. (「나는 전혀 숙성 안 한 술맛을 알아」, 『절대 돌아올 수 없는 것들』 44) 그렇다면 시인이 맛보았다는 전혀 숙성

하지 않은 술도 무엇인지 알 수 있을 것이다.

에밀리 디킨슨은 시쓰기에 대한 시도 많이 남겼는데, 시인의 시를 이해하는 단서도 바로 시학에 관한 시들에서 찾을 수 있다. 취기만큼이나 디킨슨이 자주 사용한 단어 가운데 하나가 꿈인데 꿈은 현실을 다른 기호와 언어로 구성한 의식 너머의 텍스트이며 새로운 현실을 창조하는 상상력의 실천이기도 하다. 단순히 현실의 모사가 아닌, 시인이 언어로 제시하는 새로운 현실의 비전이다. 어린 소녀의 작은 손을 힘껏 펼치면 낙원을 담을 수 있는 것도 시인의 상상력이 주는 가능성 때문이다. (「나는 가능 속에 살아요」, 『절대 돌아올 수 없는 것들』, 90) 클로버 한 잎, 벌 한 마리와 같은 작은 자연들과 꿈만 있으면 시인은 대평원을 만들 수 있다.

> 대평원을 만드는 데 필요한 것은 클로버 하나 벌
> 한 마리
> 클로버 하나, 그리고 벌 한 마리
> 그리고 꿈
> 벌이 별로 없다면
> 꿈만 있어도 될 거야
> 『절대 돌아올 수 없는 것들』, 111

나의 에밀리 디킨슨

비평의 방식이 바뀌고 문학이론이 철학 사상과 사회이론에 영향을 받을 때마다 에밀리 디킨슨의 독특한 시에 대한 해석이나 평가도 달라지고 정교해졌다. 문학전통의 관습에 서툰 여류 시인이었다가 언제부터인지 시대를 뛰어넘는 천재 시인으로 바뀌었다. 바깥세상과는 무관하게 은둔의 삶을 살았고 자신의 존재가 세상에 알려지기를 거부했던 비밀스런 존재일 때도 있었고, 시인의 거부가 세상에 대한 적극적인 비판이라 여겨지기도 했으며, 시를 움직이는 욕망의 역학을 읽고 시인의 창작에 대한 열망과 섹슈얼리티를 강조하는 비평도 있었다. 최근에는 이러한 욕망의 동력에서 시인의 성 정체성을 발견하려는 주장도 있다.

미국의 시인 수잔 하우Susan Howe는 『나의 에밀리 디킨슨 (My Emily Dickinson, North Atlantic Books, 1985)』에서 다른 문학연구자들과는 조금 다른 시선으로 디킨슨의 시를 읽는다. 그 자신도 시인인 하우는 시인의 삶을 역사적 맥락 속에 위치하게 하고 역사 속 시인의 자리를 상상한다. 19세기 매사추세츠 애머스트의 지식인 에밀리 디킨슨이었다면? 개척기 인디언 학살을 알고 있고 식민지 시절 마녀사냥과 독립전쟁의 역사와 장소를 알고 있는 시인이라면, 그리고 노예제도를 반대하는 전쟁을 찬성하는 입장이었다면, 시인이 출판을 '경매'라고 단언하고(「출판은 경매예요」, 『절대 돌아올 수 없는 것들』, 72), 총을 화자로 등장하는 서정시에서 '장전된 총'과 '주인'의 관계를 명상하고 (「내 평생 장전된 총이었는데」, 『절대 돌아올 수 없는 것들』, 60), 계보 없는 마녀들의 마법이 전해지는 순간(「마녀의 마법에는 계보가 없다」, 『모두 예쁜데 나만 캥거루』, 31)을 포착할 수 있었을 것이다. 하우의 작업은 시인의 삶과 시학을 상상하는 방식이면서 디킨슨의 시를 통해 "시"를 상상하고 "자신만의 시"와 시의 전통이 교차하는 자기만의 어디쯤을 만드는 과정이기도 했다. 또한 역사 속에 에밀리 디킨슨을 놓고 상상하여 시를 읽음으로써, 자신의 시간과 공간을 시와 관계 맺는 시인의 방식을 생각했다. 말과 게임을 좋아했던 에밀리 디킨슨이기에 충분히 가능한 상상이다.

『모두 예쁜데 나만 캥거루』에 모은 시들 속 나의 에밀리 디킨슨은 언어를 일생의 장난감으로 갖고 놀던 수수께끼 문제의 출제자이며 게임의 플레이어다. 그렇기에 번역한 시들을 일곱 개의 장으로 모으고 배열하기는 했지만 주제나 형식을 따르는 어떤 분위기나 흐름으로 특별히 구분되거나 이어지는 시들끼리 어떤 의도적 연관은 없다. 마치 한참 동안 문자 메시지를 주고받다 전화 통화하고 그것도 모자라 '아무래도 안되겠다 자세한 이야기는 만나서 하자' 하며 실내복 차림에 카디건 하나 걸치고 동네 공원 벤치든 퇴근길 카페에서든 또 만나 못다 한 이야기를 계속 이어가듯, 사랑하는 사람들과 오고 가며 속삭이기도 하고 수다도 떨다 시를 쓰고 읽고 편지나 쪽지로 한번 읽어달라며 전달하고 답장 받는 즐거움을 기대하며 고르고 옮기고 이렇게 저렇게 이었다.

하고 보니 의도치 않게 『모두 예쁜데 나만 캥거루』에는 자연을 소재로 한 시들이 많다. 추상적 관념으로서의 자연도 아니고, 원시의 경이에 싸인 개척의 대상이거나 이국적 신비에 싸여 낭만화된 자연도 아니다. 시인이 익히 알고 있는 주변과 일상인 자연이며, 집 앞 정원과 산책로에서 흔히 발견하는 작은 새들, 벌, 파리, 나비와 애벌레, 장미와 데이지 같은 흔한 존재들이다. 이 시집에서 만나게 되는 에밀리 디킨슨은 생기발랄하고 재기 넘치는 젊은 시인이기도 하고 언어와 사유가 폭발하며 시를 쏟아냈던 30대의 시인이기도 하며, 삶을 관조하고 지혜를 더했던 장년의 시인이기도 하다. 혼자서도 잘 놀기도 하고 둘이 속삭이기도 하고 셋일 때도 있다. 조금씩 다를 수는 있지만 여전히 자연의 아름다움에 즐거워하고 그 즐거움을 언어로 다시 즐길 줄 아는 시인 에밀리 디킨슨이다.

시 원문 찾아보기 (알파벳 순)

A fuzzy fellow without feet	80
A Letter is a joy of Earth	44
A route of Evanescence	88
A solemn thing it was I said	18
Advance is Life's condition	42
All these my banners be	102
An altered look about the hills	134
An everywhere of silver	74
Apparently with no surprise	126
As subtle as tomorrow	38
Blossoms will run away	20
By such and such an offering	108
Consulting summer's clock	14
Fame is a fickle food	60
He went by sleep that drowsy route	28
His bill an auger is	70
I hide myself within my flower	138
I keep my pledge	112
I like to see it lap the miles	76
I'll tell you how the Sun rose	124
If I could tell how glad I was	56
In snow thou comest	32
It sifts from Leaden Sieves	84
Morns like these—we parted	98
Most she touched me by her muteness	122
My Faith is larger than the Hills	140
My Garden—like the Beach	120
Nature can do no more	50

Nobody knows this little Rose	96
Of God we ask one favor	46
Of this is Day composed	58
Of Yellow was the outer Sky	36
Oh Future! thou secreted peace	68
On my volcano grows the Grass	130
On such a night, or such a night	116
One need not be a Chamber—to be Haunted	142
Pink and small and punctual	78
Presentiment is that long Shadow on the Lawn	92
She dealt her pretty words like Blade	94
So has a Daisy vanished	100
Some one prepared this mighty show	48
Sometimes with the Heart	34
Sweet is the swamp with its secrets	128
The event was directly behind Him	52
The Heart has many Doors	24
The Hills erect their Purple Heads	64
The morns are meeker than they were	106
The right to perish might be thought	62
There came a Wind like a Bugle	16
There comes an hour when begging stops	66
There's something quieter than sleep	86
We do not play on Graves	132
When Katie walks	110
Where Roses would not dare to go	22
Winter under cultivation	12
Witchcraft has not a Pedigree	30

모두 예쁜데 나만 캥거루
Myself the only Kangaroo among the Beauty

초판 1쇄　　　2019년 11월 12일 펴냄
　　3쇄　　　2023년 3월 6일 펴냄

지은이	에밀리 디킨슨
고른이	박혜란
옮긴이	박혜란
편집 교정 교열	김소라
디자인	들토끼들
기획	김재원 박혜란
펴낸이	박혜란
펴낸 곳	파시클 출판사
등록	2016년 10월 25일 제 2017-000153호
주소	경기도 고양시 일산동구 탄중로 398, 809동 701호
인쇄	상지사
ISBN	979-11-961257-7-6 03840

beonfascicles@naver.com
https://www.facebook.com/fascicles
https://twitter.com/Fascicles2017
https://www.instagram.com/fascicles_seoul
이 책의 판권은 파시클 출판사에 있습니다.
출판사의 동의 없는 무단 전제 및 복제를 금합니다.